hen berfeddwlad Gymreig
ELENYDD
ancient heartland of the Cambrian Mountains

Lleuad uwch Llyn Teifi
Moon above Llyn Teifi

hen berfeddwlad Gymreig

Elenydd

ancient heartland of the Cambrian Mountains

photography and text by
ANTHONY GRIFFITHS

Argraffiad cyntaf: 2010

Rhif Llyfr Safonol Rhyngwladol:
978-1-84527-247-0

Cynllun clawr: Siôn Ilar

Mae'r cyhoeddwyr yn cydnabod cefnogaeth ariannol
Cyngor Llyfrau Cymru

Argraffwyd a rhwymwyd gan Wasg Gomer, Llandysul.
Cyhoeddwyd gan Wasg Carreg Gwalch,
12 Iard yr Orsaf, Llanrwst, Dyffryn Conwy LL26 0EH.
Ffôn: 01492 642031
Ffacs: 01492 641502
e-bost: llyfrau@carreg-gwalch.com
lle ar y we: www.carreg-gwalch.com

For Marjorie

Machlud, Glaslyn
Sunset, Glaslyn

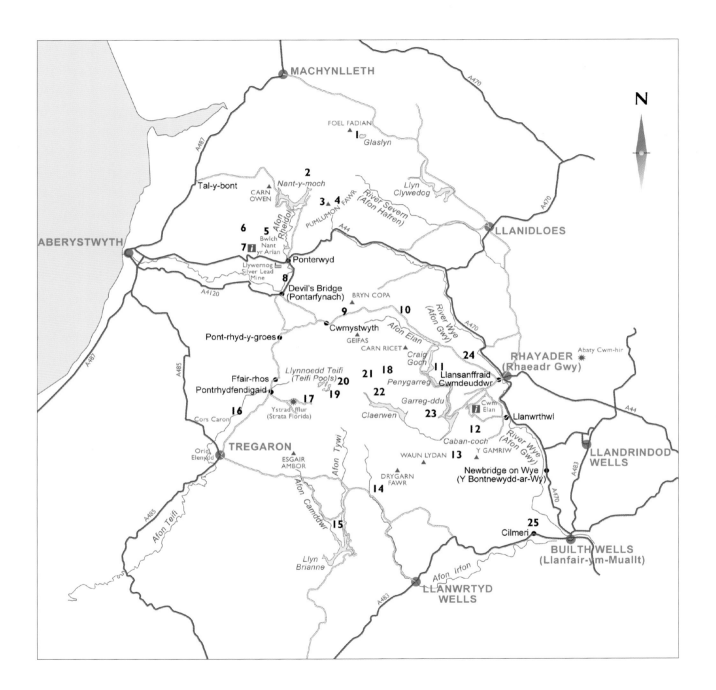

MACHYNLLETH

FOEL FADIAN ▲
1
Glaslyn

2
Nant-y-moch
Tal-y-bont
CARN ▲
OWEN
3 ▲ 4
PUMLUMON FAWR
Llyn
Clywedog

River Severn
(Afon Hafren)

LLANIDLOES

6 5
Bwlch
Nant
yr Arian
7 i
Llywernog
Silver Lead
Mine
8
Ponterwyd

A44

A470

ABERYSTWYTH

A4120

Devil's Bridge
(Pontarfynach)
BRYN COPA ▲

9
Cwmystwyth
GEIFAS ▲
CARN RICET ▲
10
Afon Elan
River Wye
(Afon Gwy)

Pont-rhyd-y-groes

24
Craig
Goch
RHAYADER
(Rhaeadr Gwy)
Abaty Cwm-hir ✷

Llynnoedd Teifi
(Teifi Pools)
20
21 18
11
Llansanffraid
Cwmdeuddwr

Ffair-rhos
Pontrhydfendigaid
19
22
Penygarreg
Garreg-ddu
A44

16
17
Ystrad fflur
(Strata Florida)
Claerwen
23
Cwm
i
Elan
Llanwrthwl
12
River Wye
(Afon Gwy)
LLANDRINDOD
WELLS

Cors Caron

Oriel
Elenydd
TREGARON
ESGAIR ▲
AMBOR

Afon Tywi
Caban-coch
Y GAMRIW ▲
WAUN LYDAN ▲ 13
Newbridge on Wye
(Y Bontnewydd-ar-Wy)
A483

Afon Teifi

Afon Camddwr
DRYGARN ▲
FAWR
14

15

A485

Llyn
Brianne

Cilmeri
25
BUILTH WELLS
(Llanfair-ym-Muallt)

Afon Irfon
LLANWRTYD
WELLS
A483

A470

N

Cynnwys

Map	6
Cyflwyniad	8
1. Glaslyn a Bugeilyn	10
2. Hyddgen	12
3. Pumlumon	16
4. Tarddiadau Afonydd	20
5. Meini Hirion	24
6. Bryngaerau	26
7. Bwlch Nant yr Arian	28
8. Bryn Bras	32
9. Cwmystwyth	34
10. Afon Elan	36
11. Cronfeydd Cwm Elan	38
12. Carn Gafallt	42
13. Carneddau Mynydd	46
14. Comin Abergwesyn	48
15. Soar-y-mynydd	50
16. Cors Caron	54
17. Ystrad-fflur	58
18. Ffordd y Myneich	62
19. Llynnoedd Teifi	66
20. Claerddu	70
21. Llynnoedd Cudd	74
22. Claerwen	78
23. Shelley a Chwm Elan	82
24. Maen Serth	84
25. Llywelyn ein Llyw Olaf	88
26. Mannau Anial	92
Darllen Pellach	96

Contents

Map	6
Introduction	9
1. Glaslyn and Bugeilyn	10
2. Hyddgen	12
3. Pumlumon	16
4. River Sources	20
5. Standing Stones	24
6. Hillforts	26
7. Bwlch Nant yr Arian	28
8. Bryn Bras	32
9. Cwmystwyth	34
10. Afon Elan	36
11. Elan Valley Reservoirs	38
12. Carn Gafallt	42
13. Mountain Cairns	46
14. Abergwesyn Common	48
15. Soar-y-mynydd	50
16. Cors Caron	54
17. Strata Florida	58
18. The Monks Trod	62
19. Teifi Pools	66
20. Claerddu	70
21. Hidden Lakes	74
22. Claerwen	78
23. Shelley and Cwm Elan	82
24. Maen Serth	84
25. Llywelyn the Last	88
26. Desert Places	92
Further Reading	96

Cyflwyniad

Mae'r ffordd fynydd rhwng Machynlleth a Phen-ffordd-las yn dirwyn yn serth i fyny heibio cofeb Wynford Vaughan-Thomas, gyda'i olygfeydd eang o gopaon Eryri. Yn y man uchaf, o dan Foel Fadian, wrth i'r lôn wastatáu, mae ffurfiau tywyll Pumlumon yn ymddangos yn sydyn ar y gorwel ar draws y rhostir uchel. Dyma ucheldir Arwystli y sonnir amdano yn *Mabinogi*. Mae ffordd drol yn crwydro drwy'r grug ac yn diflannu yn y pellter; mae'r llygad yn dal fflach yr haul ar wyneb llyn y tu draw i godiad tir. Mae'n dir sy'n gwahodd, er ei fod yn fuan iawn yn diflannu o olwg y teithiwr. Os na chawsoch yr amser hyd yma i grwydro ar hyd y llwybr at y llyn, mae'n werth ichi nodi ei bod hi'n werth dychwelyd gyda map a phâr o esgidiau cerdded. Glaslyn yw'r llyn y cafwyd cip arno, ac yno mae'r llyfr hwn yn dechrau.

Mae'r gyfrol hon yn ddathliad o'r tir gwyllt olaf yng Nghymru, yng nghalon Mynyddoedd Cambria, sy'n ymestyn o Glaslyn yn y gogledd i Lyn Brianne yn y de; o Gors Caron yn y gorllewin i Abaty Cwm-hir yn y dwyrain. Yn ei ganol mae cronfeydd dŵr anferthol Dyffryn Elan. Cyfeiriwyd at yr ardal fel 'Anialdir Gwyrdd' Cymru ac erbyn hyn mabwysiadwyd yr enw cyfrin Elenydd arni. Nid enw newydd mo hwn chwaith – mae hwn eto'n cael ei grybwyll yn y *Mabinogi*. Ar ei daith drwy Gymru yn 1188, mae Gerallt Gymro yn dweud wrth iddo adael Ystrad Fflur: 'Oddi yno teithiasom ymlaen, gan adael o'n hôl ar y llaw dde, fynyddoedd mawreddog Moruge, a elwir yn y Gymraeg yn Elenydd'. Yn hanesyddol, enw hynafol ar Gwmwd Deuddwr oedd Elenydd – cwmwd y ddwy afon, Elan a'r Gwy, ger Rhaeadr Gwy. Efallai bod yr enw 'Elan' yn tarddu o'r gair 'elain', carw ifanc neu ewig – o bosib yn ddisgrifiad delweddol o natur fywiog, llamsachus afon Elan fel y neidiai ar un adeg dros y creigiau i lawr i'r dyffryn, cyn uno ag afon Gwy.

Nid oes ffiniau pendant i wlad Elenydd. Yn fras, rwyf wedi cynnwys yr ardal a gynigiwyd (ac a wrthodwyd) i ffurfio Parc Cenedlaethol Mynyddoedd Cambria yn ystod y 1970au. Nid mynydd-dir uchel, tebyg i'r hyn a geir yng ngogledd Cymru, yw Elenydd – ond mae'n dwyllodrus o fryniog. Ni all frolio yr un Tryfan na Chadair Idris, ond mae hud unigryw yn perthyn i'w gopaon uchaf fel pob mynydd arall – Pumlumon Fawr yn y gogledd a Drygarn Fawr yn y de. Ehangdir gwyllt ydyw yn cynnwys rhostir gwyntog, bryniau tonnog, dyffrynnoedd dyfnion, awyr eang ac unigedd croesawus – tir gyda chyfoeth o hanes, archaeoleg a diwylliant yn perthyn iddo. Yn bersonol, rwy'n canfod tinc dyfnach o hiraeth yn naear Elenydd nac mewn ardaloedd eraill o Gymru – efallai bod hynny'n tarddu o'r gorwelion agored, nad oes ond ambell adfail fferm neu dyddyn amddifad yn torri arnyn nhw. Dim ond Cefngarw, y murddun ar foelydd uchel y Migneint, i'r gogledd o'r Arenig, sy'n cymharu ag unigrwydd diarffordd ffermdy Claerddu, i'r gogledd o Llynnoedd Teifi.

Er gwell, er gwaeth, mae llawer o newid yma. Mae sawl ardal wedi'i dynodi'n safle o Ddiddordeb Gwyddonol Arbennig; plannwyd coed collddail cynhenid mewn rhai planhigfeydd coed duon a lleihawyd niferoedd y defaid sy'n pori yma. Daw gelynion newydd yn sgil y defnydd helaeth o gerbydau hamdden traws gwlad, ond y prif fygythiad ar hyn o bryd yw ffermydd ynni gwynt. Mae Cymdeithas Mynyddoedd Cambria yn gwneud llawer i amddiffyn a chadw'r gwyllteb ac mae'n ymgyrchu i'w dynodi'n Ardal o Harddwch Naturiol Eithriadol – statws y mae'n ei lawn haeddu.

Y fi sy'n gyfrifol am ddewis y lleoliadau a'r gwrthrychau ac ymddiheuraf am unrhyw gam gwag.

Cynhwysir rhif y map O.S. Landranger (mewn print trwm) a chyfeirnod grid chwe rhif gyda phob llun a lle a enwir yn y testun. Tynnwyd y lluniau ar gamerâu Olympus OM1n a 2n, ar ffilm sleidiau 35mm, gan ddefnyddio trybedd ddibynadwy.

Hoffwn ddiolch i Myrddin ap Dafydd; y Golygydd Saesneg, Jen Llywelyn, a gweithlu Gwasg Carreg Gwalch. Diolch hefyd i fy ngwraig Marjorie, am ei gwaith catalogio, cofnodi ac am ei chwmni amheuthun wrth drampian drwy gorsydd!

Anthony Griffiths, Aberystwyth
Mawrth 2010

Introduction

The mountain road between Machynlleth and Staylittle winds steeply upwards, passing the Wynford Vaughan-Thomas memorial with its fine panoramic view of the mountains of Snowdonia. At the high point, below Foel Fadian, as the road levels out, the dark skyline of the Pumlumon range appears suddenly across the high moorland. These are the heights of Arwystli mentioned in the *Mabinogion*. A lonely track through the heather wanders into the distance; the glint of a lake is glimpsed over a rise. It is an inviting landscape that all too soon passes out of sight. If you haven't walked down the track to the lake, perhaps a mental note will be made to check the area out on a map and return. The lake glimpsed is Glaslyn, where this book begins.

This volume is a photographic celebration of Wales's last wilderness, at the heart of the Cambrian Mountains, from Glaslyn in the north to Llyn Brianne in the south, from Cors Caron in the west to Abbeycwmhir in the east. At its core are the great reservoirs of the Elan Valley. The area is often referred to as the Great or Green Desert of Wales, and nowadays by the rather enigmatic name of Elenydd. The name is not recent – it, too, is mentioned in the *Mabinogion*. Gerald of Wales (Giraldus Cambrensis), in his journey through Wales in 1188, says after leaving Strata Florida: 'From there we journeyed on, leaving on our right the lofty mountains of Moruge, called Elenydd in Welsh'. Historically, Elenydd was an ancient name for Cwmwd Deuddwr (the Commote of the two rivers, the Elan and Wye) near Rhayader. Elan may come from Elain (in Welsh, a hind or fawn), probably referring to the sprightly or rushing nature of Afon Elan as it once tumbled down the valley to join the Wye.

There is no recognized or definite boundary to Elenydd. I have taken it to correspond roughly with an area that was proposed (and rejected) in the 1970s for a Cambrian Mountains National Park. Elenydd is not truly mountainous like northern Wales but deceptively hilly. It boasts no Tryfan or Cadair Idris, but its highest peaks, Pumlumon in the north and Drygarn Fawr in the south, like all mountains, have their own individual charm. It is a wild expanse of windswept moors, rolling hills, deep valleys, wide skies and a welcome solitude, a landscape with a rich historical, archaeological and cultural past. There is, I find, a greater sense of *hiraeth* (longing) in Elenydd, compared to other parts of Wales, something to do with the extensive vistas broken only by the occasional ruined farm or abandoned homestead. Only Cefngarw, the ruin hidden away in the great barren moors of the Migneint, north of the Arenig mountains, compares with the utter remoteness and loneliness of Claerddu farmhouse, north of the Teifi Pools.

Much is changing, for better and worse; many areas have been designated Sites of Special Scientific Interest, some conifer plantations are being replaced by native broadleaved trees, and sheep grazing reduced. A big threat is the increase in recreational use of off-road vehicles, but the greatest threat is wind farms. The Cambrian Mountains Society is doing much in protecting and preserving this wilderness and in campaigning to have it designated as an Area of Outstanding Natural Beauty, a status which it truly deserves.

The choice of locations and subjects is entirely my own and I apologize for any errors.

With each text I have included the Ordnance Survey Landranger map number (in bold), followed by a six-figure grid reference relating to the photographs and places mentioned in the text. The photographs were taken using Olympus OM1n and 2n cameras, with 35mm slide film, on a reliable tripod.

I would like to thank Myrddin ap Dafydd; the English-language Editor, Jen Llywelyn, and the staff at Gwasg Carreg Gwalch. Also my wife Marjorie, whose help and company in cataloguing, making notes and trudging through many bogs was invaluable!

Anthony Griffiths, Aberystwyth
March 2010

1. Glaslyn & Bugeilyn

135 825940 a/and 823923

Ar hyd hen lwybr sy'n arwain tua'r de-orllewin o'r pwynt uchaf ar ffordd fynydd Penffordd-las-Machynlleth, y mae cyrraedd y ddau lyn yma. Bydd ugain munud o gerdded yn dod â chi at Glaslyn, ac mae lle parcio yno. Mae'r llyn a'r rhostir grugog yma yn Safle o Ddiddordeb Gwyddonol Arbennig bwysig a'r warchodfa fwyaf sydd yng ngofal Ymddiriedolaeth Bywyd Gwyllt Maldwyn. Mae cylchdaith o gwmpas y llyn ac mae'r llwybr sydd wedi'i farcio o'r lan ogleddol yn arwain at wylfa drawiadol sy'n edrych draw am Ddyffryn Dulas a cheunant creigiog.

Mae'r prif lwybr yn arwain tua'r de-orllewin ac wrth godi mae'n cynnig golygfeydd eang o fryniau Dyfi a Chadair Idris y tu hwnt i Foel Fadian tua'r gogledd a Phumlumon tua'r de. Mae'r llwybr yn disgyn heibio hen furddun Bugeilyn at y llyn. Mae sawl enghraifft o bennau saethau fflint wedi'u canfod ar y rhosydd mawn gerllaw sy'n tystio bod dyn cynhanes wedi bod yn hela yma. Gellir parhau i gerdded ymlaen i lawr y dyffryn, gan ddilyn afon Hengwm i'w chymer ag afon Hyddgen, ger cronfa Nant-y-moch.

These two lakes can be visited by a rough track that heads southwest from the highpoint of the Staylittle-Machynlleth mountain road. A twenty-minute walk brings you to Glaslyn, where there is space for parking. The lake and heather moorlands are an important SSSI and the largest reserve managed by the Montgomeryshire Wildlife Trust. There is a circular walk around the lake; a way-marked path from its northern shore leads to an impressive viewpoint overlooking the Dulas Valley and rocky gorge.

The main track continues south-west, and as it rises there are wide views north beyond Foel Fadian to the Dyfi hills and Cadair Idris, and south to the Pumlumon range. The track descends past the ruined farmhouse of Bugeilyn to the lake. Prehistoric man hunted here as there have been some fine examples of flint arrowheads found in the peaty moorland close by. Walkers wishing to explore the area further can continue down the valley, following Afon Hengwm to its meeting with Afon Hyddgen, near Nant-y-moch reservoir.

Cribau Arwystli
The 'heights of Arwystli'

Glaslyn, gyda Foel Fadian, ar y dde
Glaslyn, with Foel Fadian, right

Bugeilyn gyda Phumlumon yn y pellter, ar y dde eithaf
Bugeilyn, with Pumlumon on skyline, far right

2. Hyddgen
135 785900

Yma yn 1401, yn nyffryn anghysbell Hyddgen ar lethrau gogleddol Pumlumon, yr enillodd Owain Glyndŵr – oedd newydd ei arddel yn Dywysog Cymru – frwydr yn erbyn byddin Harri IV o Loegr a llogfilwyr o blith Ffleminiaid Penfro. Trechodd Glyndŵr fyddin lawer mwy y diwrnod hwnnw, er bod lladdfa fawr ar y ddwy ochr. Gelwir y llechweddau i'r dwyrain o gronfa Nant-y-moch yn Bryn y Beddau, lle dywedir i lawer o'r milwyr gael eu claddu. Yn ôl hen chwedl, gwelir olion carnau march Glyndŵr ar Graig-y-March, ymysg y creigiau sy'n edrych i lawr dros Gwm Gwerin. Yr enwau ar ddwy garreg gwarts, yn agos at afon Hyddgen yn is i lawr na maes y frwydr, yw Cerrig Cyfamod Glyndŵr sy'n nodi'r fan lle cyfamododd i barhau i ymladd tros ryddid Cymru. Dadorchuddiodd Gwynfor Evans gofeb ar argae Nant-y-moch yn 1976 i gofio am y frwydr. Cysylltir enw Glyndŵr hefyd â Charn Owain, carnedd o'r Oes Efydd o bosib, sy'n gorwedd rai milltiroedd i'r gorllewin.

It was here in 1401, on the northern slopes of Pumlumon, in the wild valley of Hyddgen, that the recently proclaimed Prince of Wales, Owain Glyndŵr, won a decisive battle against the combined English forces of Henry IV and Flemish mercenaries from Pembrokeshire. Though heavily outnumbered, Glyndŵr's forces won the day, but there was much slaughter on both sides. The slopes east of the Nant-y-moch reservoir are called Bryn y Beddau (hill of graves), where it is said many soldiers fell; spearheads and other weapons have been found in the area over the years. Legend says that there are hoofprints of Glyndŵr's horse on Craig-y-March in the rocks overlooking Cwm Gwerin. Two white quartz stones, close to Afon Hyddgen, below the battle site, are known as Cerrig Cyfamod Glyndŵr (Glyndŵr's Covenant Stones) and mark the spot of his covenant to continue the fight for Welsh independence. Gwynfor Evans unveiled a plaque in 1976 at Nant-y-moch dam to commemorate the battle. A cairn, possibly Bronze Age, on Carn Owen, a few miles to the west, is supposedly named after Glyndŵr.

Afon Hengwm, gaeaf
Afon Hengwm, winter

Dyffryn Hyddgen, yn y canol, y tu draw i Nant-y-moch
The Hyddgen Valley, centre, beyond Nant-y-moch

Meini Cyfamod Glyndŵr
Glyndŵr's Covenant Stones

Golau'r hwyrddydd, Hyddgen
Evening light, Hyddgen

Afon Hyddgen ac afon Hengwm. Gwelir y cerrig cwarts yn agos at y brig, ar y chwith
Afon Hyddgen and afon Hengwm. The quartz stones can be seen near top left

3. Pumlumon

135 790870

Pen Pumlumon Fawr (2,468tr/752m) yw'r mynydd uchaf yng nghanolbarth Cymru. Bu teithwyr cynnar yn ddigon dilornus wrth ddisgrifio Pumlumon fel 'diflastod corslyd'. Llawer mwy gwerthfawrogol oedd disgrifiad George Borrow, y llenor teithiol a'r cerddwr anturus, yn ei gyfrol *Wild Wales* a gyhoeddwyd yn 1862. Mewn darn o ryddiaith coeth, mae'n canmol a dathlu'r mynydd a tharddiadau'r afonydd. Mae gan Bumlumon lawer i'w gynnig i'r cerddwr sy'n chwilio am unigedd ar ei lwyfandir crawcwellt. Fel rheol, bydd yn cael ei ddringo o'r de, ond tua'r gogledd mae'r llwybr mwyaf diddorol – hwnnw sy'n arwain o gronfa ddŵr Nant-y-moch. Ceir golygfeydd helaeth o garneddau'r Oes Efydd ar y copa – draw i'r gorllewin at arfordir Bae Ceredigion, i'r gogledd at Eryri ac i'r de at Fannau Brycheiniog a'r Mynyddoedd Duon.

Enwir Pumlumon a Nant-y-moch mewn llenyddiaeth gynnar Gymraeg. Yn y chwedl 'Culhwch ac Olwen' mae dau o farchogion Arthur, Bedwyr a Cai, yn eistedd ar y copa yn y 'gwynt mwyaf nerthol yn y byd'. Nant-y-moch yw un o'r 'mochdrefi' ym mhedwaredd gainc y *Mabinogi*.

At 2,468 feet (752m) Pen Pumlumon Fawr is the highest mountain in mid-Wales. Early writers have often unfairly dismissed Pumlumon as a 'sodden weariness'. George Borrow, the travel writer and adventurous walker, was far more complimentary, and the description in his book *Wild Wales*, published in 1862, is a fine piece of writing, praising and celebrating the mountain and its river sources. Pumlumon has much to offer the walker seeking solitude on its vast grassy plateau. Also on its slopes are the sources of three important Welsh rivers, the Wye, Severn and Rheidol. The most interesting ascent is from Nant-y-moch reservoir, where a track leads to Llyn Llygad Rheidol. There are extensive views from the Bronze Age summit cairns, west to the coast of Cardigan Bay, north to Snowdonia and south to the Brecon Beacons and Black Mountains.

Pumlumon and Nant-y-moch are mentioned in early Welsh medieval literature. In the tale of 'How Culhwch got Olwen', Arthur's knights, Bedwyr and Cai, are sitting on the summit cairn in 'the greatest wind in the world'. Nant-y-moch has been identified with one of the 'Mochdref', in the fourth branch of the *Mabinogi*.

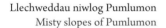
Llechweddau niwlog Pumlumon
Misty slopes of Pumlumon

Pumlumon dan eira, o Nant-y-moch
Snow clad Pumlumon, from Nant-y-moch

Carnedd ar gopa Pumlumon
Summit cairn, Pumlumon

Pumlumon o ffordd goedwigaeth Bwlch Nant yr Arian
Pumlumon from Bwlch Nant yr Arian forest track

Pumlumon, ar y dde, gyda Dyffryn Hyddgen, chwith, o Garn Owain
Pumlumon, right, with the Hyddgen Valley, left, from Carn Owen

4. Tarddiadau Afonydd/River Sources

135 792877, 823899 a/and 801870

Ar fore'r 5ed o Dachwedd 1854 y brasgamodd George Borrow o'i westy ym Mhontarfynach i gerdded i ben Pumlumon. Wedi sicrhau tywysydd yng ngwesty Dyffryn Castell, cychwynnodd ar ddringfa hir, eithaf mawnoglyd, i'r copa. Y prif reswm dros yr anturiaeth oedd i yfed o ffynonellau'r tair afon – Rheidol, Hafren a Gwy – sy'n tarddu ar lechweddau'r mynydd. Erbyn heddiw, byddai angen cerddwr penderfynol iawn i ddilyn ôl ei droed.

Y ffordd rwyddaf o gyrraedd Llyn Llygad Rheidol, tarddiad afon Rheidol, yw o Faesnant yn Nant-y-moch. Mae'n llyn bychan, tywyll, wedi'i walio ar ddwy ochr gan lethrau creigiog a serth Pumlumon.

Gellir olrhain y ffordd at lygad afon Hafren drwy ddilyn llwybr wedi'i farcio o safle picnic Coedwig Hafren, i'r gorllewin o Lanidloes, gan basio heibio rhaeadr Blaenhafren ar y ffordd. Mae llwybr o grawiau garw yn gweu dros fawn dwfn y corsdir eang am yr hanner milltir olaf at y polyn sy'n dynodi'r tarddiad. Dyma ddechrau (neu ddiwedd) Llwybr Hafren, sy'n 210 milltir o hyd – y llwybr dilyn afon hwyaf yng ngwledydd Prydain.

Mae afon Gwy yn tarddu i'r gorllewin o Ben Lluest-y-carn. Mae taith hir o'r A44 ger Pont Rhydgaled, heibio hen waith plwm Nant Iago, yn arwain at wylfan ardderchog ar lethrau Cerrig yr Ŵyn.

It was on the morning of 5 November 1854 that George Borrow strode out from his hotel in Devil's Bridge to climb Pumlumon. Having acquired a guide at Dyffryn Castell Hotel, he set out on the long, rather boggy ascent to the summit. The main reason for his expedition was to drink at the sources of the rivers Rheidol, Severn and Wye that rise on its slopes. It would take a determined walker to follow in his footsteps.

Llyn Llygad Rheidol, the source of the Rheidol, is best approached from Maesnant, at Nant-y-moch. It is a small sombre lake, enclosed on two sides by Pumlumon's steep rocky northern slopes.

The Severn can be followed to its source along a way-marked trail from the Hafren Forest picnic site, west of Llanidloes, passing the scenic Blaenhafren waterfall on its way. A path of rough slabs winds its way through the deep peat of the blanket bog over the last half mile to a marker pole at its source. This is the start (or finish) of the Severn Way, which at 210 miles is the longest riverside walk in Britain.

The Wye rises north of Pen Lluest-y-carn. A long walk from the A44 at Pont Rhydgaled, past the old lead mine working of Nant Iago, leads to an excellent view point on the slopes of Cerrig yr Ŵyn. The Wye Valley Walk is another long distance footpath (136 miles), finishing at Chepstow.

Tarddiad afon Hafren
Source of the Severn

Llyn Llygad Rheidol, gaeaf
Llyn Llygad Rheidol, winter

Afon Gwy o Gerrig yr Ŵyn
The Wye from Cerrig yr Ŵyn

Rhaeadr Blaenhafren
Blaenhafren waterfall

Afon Gwy ger ei tharddiad
The Wye near its source

5. Meini Hirion/Standing Stones
135 723833 a/and **147** 881613, 954606

Mae nifer o ddehongliadau wedi'u cynnig dros y canrifoedd ynglŷn â diben meini hirion, yr olion cynhanes sydd wedi ffwndro fwyaf ar haneswyr. Ai nodi terfynau neu lwybrau hynafol y maent? Ai cofebau i enwogion? Naddwyd enwau ar rai ohonynt mewn cyfnod diweddarach a'u cristioneiddio gydag arwyddion y Groes. Maent yn crwydro liw nos, yn berchen pwerau gwellhâd, neu wedi'u hyrddio i'w safleoedd gan y Brenin Arthur neu ryw gawr. Credir eu bod yn tarddu o'r Oes Efydd a'u bod naill ai'n gerrig beddau unigol neu'n sefyll gerllaw carneddau claddu, cylchoedd neu hen lwybrau.

Mae'r pâr o feini, sy'n cael eu galw yn lleol yn Buwch a Llo, a thrydydd gerllaw, ar hyd y ffordd ychydig i'r gorllewin o fryngaer Dinas, yn ymddangos fel pe baent yn nodi cyfeiriad llwybr Oes Efydd o'r arfordir yng Nghlarach yn croesi hyd at is-fryniau Pumlumon.

Maen trionglog, gyda gwythiennau o gwarts drwyddo yw Waun Lydan, yn sefyll ar gorun rhostir gwyllt i'r de o gronfa Claerwen ac yn edrych dros Gwm Rhiwnant. Mae'r maen bychan yng Ngharnau Cefn-y-ffordd yn gysylltiedig â grŵp mawr o garnau ar drothwy Rhos Saith-maen ger Llanwrthwl, ar Gomin Abergwesyn.

Standing stones are the most puzzling of prehistoric monuments. Over the centuries they have had numerous interpretations. Were they markers for boundaries or ancient tracks? Do they commemorate an important person? Some were later inscribed, or Christianized with crosses. Many superstitions and legends are attached to them. For example, attempts to move them will bring on a thunderstorm, they wander at night, have healing powers, and they have been thrown by giants or King Arthur. It is thought that they are probably of Bronze Age origin, and are either isolated burial markers or stand close to burial cairns, circles or tracks.

The pair of stones, known locally as the Buwch a'r Llo (Cow and Calf), and a third close by, beside the road a little west of Dinas hillfort, probably mark the line of a Bronze Age trackway from the coast at Clarach crossing the foothills of Pumlumon.

Waun Lydan is a large triangular quartz-veined stone set on a high point of wild moorland, south of the Claerwen reservoir and overlooking Cwm Rhiwnant. The small stone at Carnau Cefn-y-ffordd is associated with a large group of cairns, on the edge of Rhos Saith-maen, near Llanwrthwl, on Abergwesyn Common.

Maen hir Waun Lydan
Waun Lydan standing stone

Meini Buwch a Llo
The Cow and Calf stones

Y maen bychan yng Ngharnau Cefn-y-ffordd
The small stone at Carnau Cefn-y-ffordd

6. Bryngaerau/Hillforts

135 742833, 689848 a/and 679830

Tua 700 CC daeth newydd-ddyfodiaid i Gymru o dde-ddwyrain Prydain, gan ddwyn gyda hwy eu harfau a'u hoffer metel 'newydd' – haearn. Nid oes fawr ddim tystiolaeth archaeolegol o arferion claddu Celtaidd yr Oes Haearn --yn wahanol i'r Oes Efydd flaenorol. Gadawsant eu hôl ar y tirwedd, fodd bynnag – sef y cloddiau cylchog, amddiffynnol o bridd a meini a elwir yn fryngaerau. Mae enghreifftiau da o'r rhain i'w gweld ar y lôn fechan rhwng Ponterwyd a Phenrhyn-coch.

Mae bryngaer Dinas, uwch cronfa Dinas, ac yn tra-arglwyddiaethu tros flaenau Rheidol, mewn lleoliad ardderchog ar gorun crib gyda golygfeydd o Bumlumon. Mae Penycastell yn gaer fechan mewn cyflwr da ar esgair. Ar yr un patrwm â Dinas, mae ganddi un clawdd a ffos. Mae gwersyll Darren, filltir i'r dde, ar safle amddiffynnol gadarn yn edrych dros ddyffryn Nant Silo. Mae'r amddiffynfeydd gogleddol wedi'u dinistrio gan gloddio brig am fwyn plwm ac arian. Mae tystiolaeth o gytiau crynion wedi'u canfod yn y tair caer.

Around 700 BC newcomers entered Wales from south-east Britain, bringing with them weapons and tools of the 'new' metal – iron. There is virtually no archaeological evidence of the burial customs of the Iron Age Celts, unlike the earlier Bronze Age. The monuments they left are the ringed embanked defensive structures and enclosures made of earth and stone, called hillforts. There are some good examples to be seen from the minor road between Ponterwyd and Penrhyncoch.

Dinas hillfort, above Dinas reservoir, and overlooking the upper Rheidol, is in a splendid situation, crowning the top of a rising ridge, with views of the Pumlumon range. Penycastell is a well-preserved small fort on a spur. Like Dinas, it has a single rampart and ditch. Darren camp, a mile south, is in a strong defensive position overlooking the Nant Silo valley. The ramparts at its northern end have been destroyed by opencast silver-lead mining. Evidence of house platforms has been traced in all three forts.

Penycastell

Gwersyll Darren
Darren camp

Bryngaer Dinas
Dinas hillfort

Dinas, canol ar y dde, o gyfeiriad meini'r Fuwch a'r Llo
Dinas, centre right, from the Cow and Calf stones

7. Bwlch Nant yr Arian

135 718813, 713831 a/and 730862

Canolfan hamdden yn y coed sydd wedi ennill gwobrau oherwydd ansawdd ei thŷ bwyta, siop anrhegion, meysydd antur i blant, ardaloedd picnic a gwylfannau adar yw Canolfan Ymwelwyr Bwlch Nant yr Arian. Ddeng milltir i'r dwyrain o Aberystwyth ar hyd yr A44, mae'i safle ym mhen uchaf Cwm Melindwr yn cynnig golygfeydd ysblennydd i lawr y dyffryn tua'r arfordir a Bae Ceredigion. Mae'n enwog am y bwydo barcutiaid coch y gellir ei wylio'n ddyddiol ger llyn y Ganolfan.

Mae nifer o lwybrau cerdded cylchynol wedi eu nodi drwy'r goedwig a thros esgeiriau grugog. Mae Llwybr y Mwynwyr yn dilyn ffos ddŵr oedd yn arfer cyflenwi mwynfa blwm gerllaw. Cynigir taith estynedig at Pendam i ymweld â'r llynnoedd a meini Buwch a Llo, gan ddychwelyd ar hyd ffordd goedwigaeth gyda golygfeydd da o Bumlumon.

Mae tri llwybr beiciau mynydd ardderchog yn cychwyn yn y Ganolfan. Tro hir, heriol drwy dir gwyllt, agored i gronfa Nant-y-moch yw Llwybr Syfydrin, gan basio nifer o lynnoedd tangnefeddus, murddun hen ffermdy ym Mwlchystyllen a chwarel Hafan, o dan Garn Owen.

Bwlch Nant yr Arian Visitor Centre is an award-winning forest recreation centre, with a restaurant, gift shop, children's playgrounds, picnic areas and sites for birdwatching. Ten miles east of Aberystwyth on the A44, its situation at the head of Cwm Melindwr gives splendid views down the valley to the coast and Cardigan Bay. It is renowned for the daily Red Kite feeding which can be viewed from around the nearby lake and from the Centre.

There are several way-marked circular walks through forests and over heathery ridges. The Miners' Trail follows a leat that once supplied water to a nearby lead mine. An extended walk can be made to Pendam to visit the lakes and the Cow and Calf stones, returning along a forest track with fine views of Pumlumon.

Three excellent mountain biking trails start from the Centre. The Syfydrin Trail is a long and challenging ride into wild, open country, to Nant-y-moch reservoir, passing several peaceful lakes, the ruined farmhouse at Bwlchystyllen and Hafan quarry, below Carn Owen.

Tirlun y gaeaf o feini Buwch a Llo
Winter landscape from the Cow and Calf stones

Dyffryn Melindwr o'r Ganolfan Ymwelwyr
Melindwr Valley from Visitor Centre

Llyn Rhosgoch

Bwlchystyllen a Llyn Craigypistyll
Bwlchystyllen and Llyn Craigypistyll

Llwybr o dan Garn Owen
Track below Carn Owen

8. Bryn Bras
135 745795

Mae'r ardal ddymunol hon, rhwng Ponterwyd a Phontarfynach, bellach yn eiddo i'r Ymddiriedolaeth Genedlaethol. Ceir llwybrau cerdded braf gyda golygfeydd gwerth-chweil o lethrau grugog Bryn Bras. Gellir cyrraedd at y bryn heibio hen fwyngloddiau plwm Ystumtuen, neu o gyfeiriad eglwys Ysbyty Cynfyn, lle saif nifer o feini hirion yn wal y fynwent, sy'n dyddio'n ôl i'r Oes Efydd mae'n bosib. Mae'r llwybr hwn yn croesi'r enwog Bont y Ficer tros geunant trawiadol afon Rheidiol a'i dderw hynafol. Ar lwyfan o dir uwchlaw saif cylch meini Oes Efydd Dolgamfa – carnedd ymyl hirgron daclus o un ar ddeg o feini gweladwy. Awgrymwyd mai yng ngheunant Rheidiol ac Erw Barfau gyferbyn y cloddiodd Cai a Bedwyr bydew i ddal y cawr barfog Dulas yn yr hen chwedl 'Culhwch ac Olwen'.

This delightful area, between Ponterwyd and Devil's Bridge, is now in the possession of the National Trust. There are some fine walks with rewarding views from the heathery slopes of Bryn Bras. The hill can be approached from the ruined lead mines at Ystumtuen, or from the church at Ysbyty Cynfyn. The large standing stones in the churchyard wall may be of Bronze Age origin. This path crosses the famous Parson's Bridge over the dramatic Rheidol gorge with its ancient oak woods. On a small flat area above is Dolgamfa Bronze Age stone circle, a neat oval kerb cairn of eleven visible stones. The Rheidol gorge and the ridge of Erw Barfau (Beard's Acre) opposite, have been suggested as the place where Cai and Bedwyr dug a pit to trap the bearded giant Dulas, in 'How Culhwch got Olwen', the oldest Welsh Arthurian tale.

Cylch Meini Dolgamfa
Dolgamfa stone circle

Erw Barfau yn y blaendir, Pen Pumlumon Arwystli dan eira y tu ôl iddo
Erw Barfau ridge in foreground, Pen Pumlumon Arwystli in snow beyond

Yr olygfa o Bryn Bras, uwch Ceunant
Rheidol. Cefnen Erw Barfau yng
nghanol y pellter
View from Bryn Bras, above the
Rheidol gorge. Erw Barfau ridge,
middle distance

Maen hir yn wal mynwent
Ysbyty Cynfyn
Standing stone in Ysbyty Cynfyn
churchyard wall

9. Cwmystwyth
135 805745

Mae tirlun hafn ddofn Cwmystwyth, i'r dwyrain o Aberystwyth, yn cael ei lethu gan greithiau'r mwynfeydd. Mae'r adfeilion, y creigiau mâl a'r tomenni gwastraff o boptu afon Ystwyth yn weddillion yr hyn a oedd, yn ei anterth yn ystod y bedwaredd ganrif ar bymtheg, yn un o fwynfeydd plwm ac arian cyfoethocaf a mwyaf cynhyrchiol gwledydd Prydain. Defnyddid y rhaeadr sy'n dymchwel drwy'r Graig Fawr uwchlaw'r adfeilion i droi'r tyrbinau ar gyfer y peiriannau malu mwyn a sgrinio. Daeth y cyfan i ben yn y 1930au.

Mae gwaith archaeolegol ar Fryn Copa i'r dwyrain wedi dadlennu bod copr yn cael ei gloddio yno yn ystod yr Oes Efydd tua 2000 CC. Darganfuwyd 'tlws-haul' aur o dan y gwaith copr, yn dyddio o'r cyfnod hwnnw, pan archwiliwyd y safle yn 2002. Daeth y Rhufeiniaid yma i gloddio ac yn ystod yr Oesoedd Canol, myneich Ystrad Fflur oedd piau'r mwynfeydd ac roedd ganddynt Faenor yn yr ardal yn ogystal.

The landscape of the deep valley of Cwmystwyth, east of Aberystwyth, is dominated by the scars of metal mining. The ruined buildings, rock rubble and waste heaps either side of Afon Ystwyth are the remains of what was once, in its heyday in the nineteenth century, one of the richest and most productive lead and silver mines in Britain. The waterfall seen tumbling through Y Graig Fawr, above the ruins, was used to drive the turbines for the ore crushers and screening machinery. Mining finally ceased in the 1930s.

Recent archaeological work on Copa Hill to the east has revealed that copper was mined there in the Bronze Age, around 2000 BC. A gold 'sun-disc' dating from this period was found during excavations in 2002 below the copper mine. Later the Romans mined here and during the medieval period the monks of Strata Florida owned the mines and had a Grange in the area.

Adfeilion a thomenni gwastraff islaw'r Graig Fawr
Ruins and waste heaps below Y Graig Fawr

Hwyrddydd hydref, gan edrych i fyny'r dyffryn
Autumn evening, looking up the valley

Bythynnod gwag o dan Graig Goch
Abandoned cottages below Graig Goch

Afon Ystwyth ger ei tharddle, islaw Craig y Lluest
Afon Ystwyth near its source, below Craig y Lluest

10. Afon Elan
147 858755

Mae'r ffordd fynydd o Gwmystwyth i Raeadr Gwy yn dilyn cwrs afon Ystwyth wrth ddringo i fyny'r dyffryn, ac yna'n ddisymwth, ger ffin Ceredigion-Powys, mae'r ffordd a'r nant yn gwahanu. Gwelir Gors Lwyd ar y dde wrth i'r ddringfa arafu ar y rhostir agored. Gweddillion hen lyn cyn rhewlifoedd yr Oes Iâ ddiwethaf yw'r pyllau bas hyn ar gefndeuddwr afonydd Ystwyth ac Elan. 10,000 o flynyddoedd yn ôl, byddai dyfroedd afon Ystwyth wedi llifo i'r llyn hwn gan uno ag afon Elan. Torrwyd sianel gan y rhew yn ystod yr Oes Iâ a llifodd afon Ystwyth trwy honno tua'r môr yn y gorllewin.

Mae afon Elan heddiw yn tarddu yn y dyffryn i'r gorllewin o Gors Lwyd, yna'n dolennu tua'r de-ddwyrain gan lifo i'r cyntaf o'r cronfeydd anferth ymhen ychydig filltiroedd, ger Pont ar Elan.

The mountain road from Cwmystwyth to Rhayader runs beside Afon Ystwyth as it climbs up the valley, then abruptly, near the Ceredigion-Powys border, road and stream part company. As the road levels off onto the windswept moorland, the peat bog of Gors Lwyd is seen on the right. These shallow pools, at the watershed of the Ystwyth and Elan rivers, are the remnants of a pre-glacial lake. 10,000 years ago, the waters of the Ystwyth would have flowed into this lake to join Afon Elan. During the Ice Age a channel was cut by ice, through which the Ystwyth now flows west to the sea at Aberystwyth.

The source of Afon Elan today lies in the valley to the west of Gors Lwyd, from where it meanders south-east and after a few miles flows into the first of the great reservoirs near Pont ar Elan.

Ger llygad Afon Elan
Afon Elan near its source

Mawnog y Gors Lwyd
Gors Lwyd peat bog

Pont ar Elan

11. Cronfeydd Cwm Elan/Elan Valley Reservoirs
147 930648

Adeiladwyd argaeau anferth Craig Goch, Penygarreg, Carreg-ddu a Caban Coch rhwng 1893 a 1904 i gyflenwi dŵr i Birmingham. Boddwyd dyffryn hardd Cwm Elan i greu'r cronfeydd. Difethwyd cymdogaethau cyfan a chollodd y dyffryn ddeunaw ffermdy, ysgol ac eglwys. Derbyniodd y meistri tir eu hiawndal, ond nid oedd ceiniog ar gael i'r tenantiaid na'r tyddynwyr.

Adeiladwyd rheilffordd o Raeadr Gwy at argae Craig Goch a welir yn y llun er mwyn cario cerrig chwarel lleol at adeiladu'r argaeau. Mae Llwybr Dyffryn Elan, sy'n boblogaidd iawn gan gerddwyr a beicwyr, yn dilyn gwely'r hen reilffordd sydd i'w gweld ar ochr y bryn y tu ôl i'r ynys goediog. Roedd y Ganolfan Ymwelwyr Dyffryn Elan bresennol yn rhan o'r pentref a godwyd i gartrefu'r bobl a gyflogid i gynnal a chadw'r argaeau. Heddiw, mae'r tirwedd hanesyddol, y lleiniau hardd o ddŵr, yr amrywiaeth o fywyd gwyllt a'r cyfle am weithgareddau awyr-agored, yn denu llawer o ymwelwyr yma i berfedd gwlad Elenydd.

The great dams of Craig Goch, Penygarreg, Carreg-ddu and Caban Coch were built between 1893 and 1904 to provide Birmingham with water. The creation of the vast reservoirs brought about the flooding of the scenic valley of Cwm Elan. Whole communities were affected and the valley lost about eighteen farmhouses, a school and a church. Landowners were compensated but there was nothing for the tenant farmers and smallholders.

A railway was built from Rhayader to the Craig Goch dam, seen in the photo opposite, to carry locally-quarried rock for dam construction. The line of the railway, visible on the hill behind the wooded island, is now the scenic Elan Valley Trail, popular with walkers and cyclists. The present-day Elan Valley Visitor Centre was part of the village built to house people employed in the maintenance of the dams.

Today, this historic landscape, with beautiful sheets of water, a variety of wildlife, and opportunities for outdoor activities, attracts many visitors to the heart of Elenydd.

Haul hwyr ar gronfa Craig Goch
Evening light on Craig Goch reservoir

Cronfa Penygarreg gydag argae Craig Goch yn y canol
Penygarreg reservoir with Craig Goch dam, centre

Niwl y bore ar ddyfroedd Carreg-ddu
Morning mist on Carreg-ddu reservoir

Caban Coch, yn llond ei glannau
Caban Coch in full spate

Edrych ar draws cronfa Craig Goch
Looking across Craig Goch reservoir

12. Carn Gafallt
147 943645

Mae'r ddau fryn, Cnwch a Charn Gafallt, sy'n codi'n serth uwch Canolfan Ymwelwyr Dyffryn Elan yn warchodfeydd adar dan adain RSPB. Mae trofeydd braf drwy'r derw digoes ar eu llechweddau ac ar hyd y rhosydd grugog yn uwch i fyny. Mae'r coedydd a'r rhosydd yn denu amrywiaeth fawr o fywyd gwyllt, gan gynnwys adar mudol megis y gwybedog, y tingoch a'r telorydd.

Cysylltir y Brenin Arthur gydag un o'r tair carnedd o'r Oes Efydd sydd ar lwyfandir i'r de o gopa Carn Gafallt. Cyfeirir at 'Carn Cabal ym Muellt' fel un o ugain rhyfeddod Prydain yn *Historia Brittonum*, llawysgrif Ladin o'r nawfed ganrif a gaiff ei thadogi i Nennius (mynach Cymreig). Dywedod bod ôl troed helgi Arthur, Cabal, ar garreg yn y garnedd pan fu'n hela'r Twrch Trwyth yn y parthau hyn. Adeiladodd Arthur garnedd a gosod y garreg honno ar ei chopa. Yn ôl hen chwedl, os cymerir y garreg oddi yno am ddiwrnod a noson, bydd yn dychwelyd yno drwy hud a lledrith.

Gellir ymweld â'r garnedd drwy ddilyn llwybr sy'n mynd tua'r dwyrain drwy redyn a grug garw. Yn y 1950au, darganfuwyd pedair torch aur o'r Oes Efydd wedi'u cuddio dan bentwr o gerrig ar gwr y rhostir, filltir i'r dwyrain o'r carneddau.

The two hills, Cnwch and Carn Gafallt, rising steeply above the Elan Valley Visitor Centre, are RSPB nature reserves. There are pleasant walks through the sessile oak woods on their slopes, and around the heather moorlands above. The woodlands and moors attract a great variety of wildlife, including migrant birds such as flycatchers, redstarts and warblers.

One of three Bronze Age cairns on a plateau south of the summit of Carn Gafallt is associated with King Arthur. The *Historia Brittonum*, a ninth-century work in Latin attributed to Nennius (a Welsh monk), mentions 'Carn Cabal in Buellt' as one of the twenty wonders of Britain. The cairn is said to have a stone with an imprint of a dog's foot made by Arthur's hound, Cabal, while hunting the wild boar, Twrch Trwyth. Arthur built a cairn and placed this rock on top. It is said that if anyone takes it for a day and a night, it will magically return to the cairn.

The cairns can be visited from a track to the east through rough heather and bracken. In the 1950s four Bronze Age gold torcs were found hidden under a heap of stones at the edge of the moorland, a mile east of the cairns.

Carneddau o dan Garn Gafallt
Cairns below Carn Gafallt

Coed derw Carn Gafallt
Carn Gafallt oakwood

Enfys uwch Cnwch
Rainbow above Cnwch

Carn Gafallt o lethrau Cnwch
Carn Gafallt from the slopes of Cnwch

Crugian Bach, gyda Carn Gafallt
y tu draw iddo
Crugian Bach, Carn Gafallt beyond

13. Carneddau Mynydd/Mountain Cairns
147 957605 **135** 732882 a/and 789869

Olion hen gladdfeydd yr Oes Efydd yw'r rhan fwyaf o'r carneddi, tomenni a chromlechi sydd i'w gweld ar hyd ac ar led ucheldiroedd Cymru. Roedd yr oes honno'n rhychwantu'r cyfnod rhwng 2300 CC a 600 CC pan oedd efydd, cyfuniad o gopr a thun, yn cael ei ddefnyddio i lunio arfau a thlysau. Un o nodweddion claddfeydd Oes Efydd cynnar oedd bod y corff yn cael ei osod yn ei gwrcwd mewn cist ganolog wedi'u ffurfio gan grawiau maen a rhoddid cwpan yfed ('bicer') gyda'r ymadawedig. Rhoed maen copa dros y gist a gorchuddiy cyfan gyda thomen o bridd neu gerrig yn cael eu cynnal gan gylch o feini ar eu cyllyll neu ar eu hyd yn y ddaear. Mewn cyfnod diweddarach llosgid y cyrff a rhoddid gweddillion yr esgyrn mewn wrn wyneb i waered ar grawen. Gosodid rhai o'r wrnau hyn mewn carneddau bicer cynharach weithiau. Canfyddwyd llawer o roddion mewn nifer o feddau, gan gynnwys cyllyll a phennau saethau fflint, bwyeill, tlysau a bicerau seremonïol yn dal bwyd i gynnal yr enaid ar ei daith i'r byd arall. Mae llawer o'r safleoedd wedi'u difrodi gan ladron, a'r cerrig a'r meini wedi'u defnyddio mewn waliau, corlannau a chysgodfeydd.

Nid safle gladdu oedd pob carnedd, serch hynny; adeiladwyd rhai ar gyfer defodau crefyddol. Yn yr un modd, nid yw pob un yn perthyn i gyfnod cyn-hanes gan fod rhai wedi'u codi'n ddiweddarach ar neu gerllaw olion carneddau o'r Oes Haearn.

Most of the numerous cairns, mounds and barrows scattered over the uplands of Wales are the remains of burial sites from the Bronze Age, a period dating roughly from 2300 BC to 600 BC, when bronze, an alloy of copper and tin, was used to make weapons and ornaments. Early Bronze Age burials were characterized by the body placed in a crouched position in a central slab-lined cist or pit and accompanied by a small drinking cup (beaker burials). The cist was topped by a capstone and then covered by a mound of stones or earth (barrows) contained by a ring of upright slabs or a kerb. Later, cremation succeeded interment as the main burial rite, the burnt bones being placed in an inverted (cinerary) urn on a slab. Sometimes the urns were placed in an earlier beaker cairn. Burials often had grave goods of flint knives and arrowheads, axes, jewellery and ceremonial beakers containing food to accompany the soul on its journey to the afterlife. Many have been robbed and partially destroyed, the stone material used to build field walls, sheepfolds and shelters.

Not all cairns were funerary; some were constructed primarily for ritual purposes. Similarly, not all are pre-historic, having been re-built at a later date upon or near the remains of earlier Bronze Age cairns.

Carnau Cefn-y-ffordd, Rhos Saith-maen
Carnau Cefn-y-ffordd, Rhos Saith-maen

Carn Owen, Cerrig yr Hafan

Carnau Cefn-y-ffordd, gan edrych i'r gogledd am y Gamriw
Carnau Cefn-y-ffordd, looking north to Y Gamriw

Pumlumon, gan edrych tua Phen Pumlumon Arwystli
Pumlumon, looking towards Pen Pumlumon Arwystli

14. Comin Abergwesyn/Abergwesyn Common
147 845545 a/and 862584

Daeth rhostir grugog, glaswelltog Comin Abergwesyn – deuddeg milltir o wylltir mynyddig i'r de o gronfeydd Elan – i ddwylo'r Ymddiriedolaeth Genedlaethol yn 1984. Yn y gorllewin gwelir dyffryn serth, garw a choediog Bwlch Abergwesyn lle mae afon Irfon yn llifo dros raeadrau a cheunentydd creigiog. Mae Gwarchodfa Natur Nant Irfon, gyda'i choedlannau hynafol – cynefin pwysig i adar ysglyfaethus – i'w gweld ym mhen uchaf y bwlch. Mae'r ffordd unffrwd, droellog ger yr afon yn dilyn hen lwybr y porthmyn o Dregaron i Abergwesyn.

Mannau uchaf y llwyfandir mynyddig hwn ydi copaon Gamriw, Gorllwyn a Drygarn Fawr gyda'i charneddau cwch gwenyn amlwg. Mae'r ddwy garnedd gopa yn ychwanegiadau diweddar sydd wedi'u codi o gerrig carneddau llawer hŷn sy'n dyddio'n ôl i'r Oes Efydd. Mae llawer o olion archaeolegol diddorol eraill ar ucheldiroedd y Comin ac yn werth ymweld â nhw os yw'r cerddwr yn fodlon taclo rhostir cawnog di-lwybr a mawnogydd.

The grass and heather moorlands of Abergwesyn Common, a twelve-mile stretch of unspoiled mountain wilderness south of the Elan reservoirs, were acquired by the National Trust in 1984. In the west is the steep, craggy and wooded valley of the Abergwesyn Pass, through which flows Afon Irfon with its waterfalls and rocky gorges. The Nant Irfon Nature Reserve, with its ancient oakwoods, an important habitat for birds of prey, lies at the head of the pass. The winding single-track road above the river follows the line of an old drovers' road from Tregaron to Abergwesyn.

The highest points of this lofty plateau are the peaks of Y Gamriw, Gorllwyn and Drygarn Fawr, with its prominent beehive cairns. The two summit cairns are fairly recent but are built upon and from the stone of much earlier Bronze Age cairns. There are many other interesting archaeological remains on the uplands of the Common, well worth visiting if one is prepared to walk over track-less tussocky grass and bog.

Afon Irfon, Bwlch Abergwesyn
Afon Irfon, Abergwesyn Pass

Drain gwynion islaw
Esgair Irfon
Hawthorns below Esgair
Irfon

Golau'r hwyrddydd ar
lethrau Drygarn Fawr
Evening light, slopes of
Drygarn Fawr

15. Soar-y-mynydd

147 784533

Mae taith Afon Camddwr o ucheldiroedd corsiog i'r gogledd o Esgair Ambor i Lyn Brianne yn un gweddol fer – tua chwe milltir. Ar ôl cydlifo â Nant y Maen, mae'n lledu ac yn ffurfio rhaeadr ddeniadol ger croesfan yr hen ffordd borthmyn rhwng Tregaron ac Abergwesyn a'r ffordd i'r de drwy Goedwig Tywi i Randir-mwyn. Mae'r olaf, gyda glan afon Camddwr, yn dilyn hen lwybr myneich Ystrad Fflur i gapeliaeth yn Ystrad-ffin.

Ymhen tair milltir gwelir hen gapel Methodistaidd gwyngalchog Soar-y-mynydd ger yr afon. Hwn yw un o'r capeli mwyaf anghysbell yng Nghymru a adeiladwyd yn 1822 gan Ebenezer Richards, gweinidog yn Nhregaron, ar dir a roddwyd gan John Jones, Nant-llwyd, i wasanaethu'r ffermydd gwasgaredig yn y cyffiniau. Mae'r capel unllawr, heb galeri, ar dalcen tŷ capel deulawr ac ysgoldy. O fewn y capel mae pedwar bloc o seddau yn wynebu'r pulpud. Mae'n lle tangnefeddus; y bensaernïaeth syml, yr ychydig gerrig beddau dan gysgod y ffawydd a'r ffynidwydd yn rhoi naws ddiamser i'r lle.

Filltir ymhellach, mae afon Camddwr yn llifo i Lyn Brianne.

Afon Camddwr's journey from the marshy heights north of Esgair Ambor to Llyn Brianne is a relatively short one of about six miles. After joining the Nant y Maen it broadens out and forms a delightful waterfall near the intersection of the old drovers' road between Tregaron and Abergwesyn, and the road south through the Tywi Forest to Rhandir-mwyn. This latter road, beside the Camddwr, follows the line of an old Monks way from Strata Florida to a Chapelry at Ystrad-ffin.

After three miles, beside the river, stands the white-washed Welsh Calvinistic Methodist chapel of Soar-y-mynydd. One of the most isolated chapels in Wales, it was built in 1822 by Ebenezer Richards, minister of Tregaron, on land granted by John Jones of Nant-llwyd, to serve the surrounding scattered farms. The single-storey chapel without gallery adjoins a two-storey chapel house and schoolroom. Inside are four blocks of box pews facing the pulpit. It is a peaceful place; the simple architecture, a few gravestones surrounded by beeches and firs, give a timeless atmosphere.

In a further mile, the Camddwr enters Llyn Brianne reservoir.

Carreg fedd, Soar-y-mynydd
Gravestone, Soar-y-mynydd

Capel Soar-y-mynydd
Soar-y-mynydd chapel

Rhaeadr Camddwr
Camddwr waterfall

Dyffryn Camddwr yr ochr draw i Lyn Brianne
Camddwr Valley across Llyn Brianne

Llyn Brianne, gan edrych draw am yr argae
Llyn Brianne, looking towards the dam

16. Cors Caron

146 680630

Mae cors eang Cors-goch Glan Teifi, filltir i'r gogledd o Dregaron, yn nyffryn uchaf afon Teifi, yn cael ei hystyried yn un o'r cyforgorsydd mawn gorau yng ngwledydd Prydain. Ar ddiwedd yr Oes Iâ ddiwethaf, tua 12,000 o flynyddoedd yn ôl, pan doddodd rhewlif Teifi, ffurfiwyd llyn bas mawr. Dros amser, llenwodd â gwaddodion gan ffurfio mawn asidig. Mae tyfiant a phydredd rhannol mwsogydd dros y canrifoedd wedi creu cyforgors sy'n 5 metr o uchder mewn rhai mannau. Torrwyd mawn yma am ganrifoedd, gan greu traeniad. Codwyd cloddiau dŵr yn rhai o'r gwlâu hyn i greu cronfeydd sy'n gynefin i fywyd gwyllt erbyn hyn. Mae cuddfan i wylio adar ysglyfaethus ac adar dŵr uwchlaw un o'r pyllau hyn. Gellir ymweld â'r guddfan ar lwybr cylchynol drwy'r gors sy'n dechrau o faes parcio diweddar, ger gwely'r hen reilffordd, sydd bellach yn rhan o lwybr beiciau Ystwyth. Mae llwybr glan afon yn ogystal, sy'n dilyn afon Teifi wrth iddi ddolennu drwy'r gors. Gyda'i harwynebedd o 800 hectar, gwnaed Cors Caron yn Warchodfa Natur Genedlaethol yn 1955 ac fe'i gweinyddir yn awr gan Gyngor Cefn Gwlad Cymru.

The vast bog of Cors-goch Glan Teifi, a mile north of Tregaron, in the valley of the Upper Teifi, is regarded as one of the finest raised peat bogs in Britain. At the end of the last Ice Age, about 12,000 years ago, when the Teifi glacier melted, a large shallow lake was formed. Eventually it silted up, forming acid peat. Growth and partial decomposition of bog mosses over the years has resulted in a raised bog, 5 metres high in some places. Peat was cut here for centuries, causing drainage. Some of the cuttings have now been dammed, creating wetland habitats for wildlife. A bird hide has been built overlooking one of the pools, from where wildfowl and birds of prey can be observed. The hide can be visited from a circular walkway over the bog starting at the newly-built car park, alongside the disused railway line, now part of the Ystwyth cycle trail. There is also a riverside walk along the banks of Afon Teifi which meanders through the bog. Covering an area of around 800 hectares, Cors Caron became a National Nature Reserve in 1955 and is now managed by the Countryside Council for Wales.

Pyllau mawn Cors Caron, cuddfan adar ar y dde
Cors Caron peat pools, bird hide centre right

Hwyrddydd ar Gors Caron
Cors Caron, evening

Afon Teifi a Chors Caron o Bont Einon
Afon Teifi and Cors Caron from Pont Einon

Gaeaf, Cors Caron
Cors Caron, winter

17. Ystrad Fflur/Strata Florida

Yn 1164, sefydlodd Myneich Gwyn o Hendy-gwyn ar Daf fynachlog Sistersaidd ar lannau afon Fflur. Ddwy filltir i'r de o'r abaty presennol, mae'r safle'n dal i gael ei alw'n 'Hen Fynachlog'. Ail-leolwyd Ystrad Fflur (*Strata Florida* – dyffryn y blodau) yn ddiweddarach ger glan afon Teifi mewn glyn tawel wrth ymyl Pontrhydfendigaid. Noddwyd yr abaty gan Rhys ap Gruffudd, Arglwydd y Deheubarth, gan gyflwyno stadau helaeth iddo yn 1184. Mewnforiwyd y meini ar gyfer y gwaith adeiladu o Wlad yr Haf, drwy borthladd Aberarth ddeuddeng milltir i ffwrdd.

Tyfodd Ystrad Fflur i fod yn ganolfan lewyrchus i ddiwylliant Cymru. Cadwai'r myneich lawysgrifau amhrisiadwy fel *Brut y Tywysogion*, gan eu haddurno a'u copïo. Mae'n debyg bod *Llyfr Gwyn Rhydderch* wedi'i ysgrifennu yno. Bywyd syml a llafur caled oedd nodweddion y myneich – ffermio, pysgota, mwyngloddio arian, plwm a haearn ac adeiladu ffyrdd a phontydd.

Trawyd yr abaty gan fellten yn 1284, fe'i llosgwyd gan Edward I yn 1294, cafodd ei ddifrodi gan filwyr Brenin Lloegr yn ystod rhyfel annibyniaeth Glyndŵr ac yna'i ddiddymu gan Harri'r VIII yn 1539, pan nad oedd ond chwe mynach ac abad yn byw yno. Mae'r adfeilion bellach yng ngofal CADW a'r rhan sydd wedi goroesi orau yw bwa cerfiedig nodedig y porth gorllewinol, gyda'i ddelweddau trisgel Celtaidd. Yn y rhan ddwyreiniol, mae rhes o hen feddfeini, yn nodi gorweddfan nifer o fân dywysogion Cymreig. Saif hen ywen ym mynwent eglwys y Santes Fair ger yr abaty ac oddi tani, yn ôl traddodiad, gwelir bedd Dafydd ap Gwilym, y mwyaf o feirdd yr Oesoedd Canol yng Nghymru.

In 1164 the White Monks from Whitland in Carmarthenshire established a Cistercian foundation on the banks of Afon Fflur. Though two miles south of the present abbey ruins, the site is still called 'Hen Fynachlog' (*old monastery*). Strata Florida (*the Vale of Flowers*) was later re-located to the peaceful valley near Pontrhydfendigaid close to Afon Teifi. Rhys ap Gruffydd, Lord of Deheubarth, assumed the patronage of the abbey, granting it vast estates in 1184. The stone used to build the abbey was brought from Somerset to Aberarth, twelve miles distant on the coast.

Strata Florida became a flourishing centre of Welsh culture. The monks copied, illuminated and preserved manuscripts such as *Brut y Tywysogion* (Chronicle of the Princes). *Llyfr Gwyn Rhydderch* (The White Book of Rhydderch) was probably written there. The monks led a simple hardworking life – farming, fishing, mining for silver, lead and iron, and constructing roads and bridges.

The abbey was struck by lightning in 1284, burnt by Edward I in 1294, damaged by the English during Owain Glyndŵr's war of independence and finally dissolved by Henry VIII in 1539, when it housed just six monks and an abbot. The best-preserved feature of the ruins, now in the care of CADW, is the richly carved west doorway, with its Celtic triskel motifs. At the east end is a row of ancient tombstones, marking the graves of minor Welsh princes. In the cemetery of St Mary's church next to the abbey is an old yew tree, traditionally the grave of Dafydd ap Gwilym, regarded as the greatest poet of medieval Wales.

Ystrad Fflur, chwith; eglwys, canol; yr ywen, dde
Strata Florida, left; church, centre; yew tree, right

Y porth gorllewinol gwych
The great west doorway

Ystrad Fflur yn y gaeaf
Strata Florida, winter

Uwchlaw Ystrad Fflur, gyda bryngaer Pen y Bannau ar y gorwel, chwith
Above Strata Florida, Pen y Bannau hillfort on skyline, left

Beddfeini'r tywysogion Cymreig
Gravestones of Welsh princes

18. Ffordd y Myneich/The Monks Trod

147 870710

Mae Ffordd y Myneich yn rhan o hen lwybr oedd yn cysylltu abaty Sistersaidd Ystrad Fflur gyda'i chwaer-sefydliad yn Abaty Cwm-hir ac a drodd yn ffordd i'r porthmyn mewn oes ddiweddarach. Cerddodd Gerallt Gymro ar ei hyd yn y ddeuddegfed ganrif a heddiw mae'n dro heriol dros rosydd agored, moel yng nghalon gwlad Elenydd. Mae'r Ffordd yn arwain at Lynnoedd Teifi, yna i'r gogledd-ddwyrain drwy rydau ar draws nentydd Claerddu a Chlaerwen. Yna mae'n dringo'n serth i fyny llethrau Esgair Cywion, gan gyrraedd y man uchaf ar Fryn Eithinog, i'r de o lynnoedd Cerrigllwydion Uchaf ac Isaf. Oddi yno, mae'n croesi mawnog eang Clawdd Du Mawr a Bach, cyn disgyn am Bont ar Elan gan basio claddfa hynafol Carn Ricet wrth wneud hynny. Nid oes ond dyrnaid o gerrig cwarts gwasgarog ar ôl yn y ffeg ar ôl lle bu unwaith garnedd nodedig. Ar ôl gadael ffordd fynydd Rhaeadr Gwy, mae'n croesi clogwyni Llofftyddgleision cyn cyrraedd afon Gwy ym Mhont Marteg. Mae lonydd croesion yn arwain am Abaty Cwm-hir tua'r dwyrain. Mae erydiad yn broblem ar sawl rhan o'r llwybr rhwng afonydd Claerwen ac Elan – cerbydau tir yn creu rhychau dyfnion sy'n euog o hyn. Gan ei bod wedi'i ddynodi yn Dirwedd o Ddiddordeb Hanesyddol Arbennig yng Nghymru ac yn gynefin pwysig i fywyd gwyllt yr ucheldir, mae cerbydau modur yn cael eu gwahardd ar hyn o bryd rhag creu mwy o ddifrod i'r rhosydd gwerthfawr, anghysbell hyn.

The Monks Trod is part of an ancient trackway that connected the Cistercian abbey of Strata Florida to its sister foundation at Abbeycwmhir, later becoming a major drovers' route. Giraldus Cambrensis walked along it in the twelfth century and today it is a challenging walk over the bleak open moorlands at the heart of Elenydd. The Trod runs to the Teifi Pools, and then north-east, fording the Claerddu and Claerwen streams. It then climbs steeply up the slopes of Esgair Cywion, reaching its highest point on Bryn Eithinog, south of the two lakes of Llyn Cerrigllwydion Uchaf and Isaf. From here it crosses the great blanket of peat bog on Clawdd Du Mawr and Bach, passing, as it drops to Pont ar Elan, an ancient tumulus 'Carn Ricet'. A scattering of quartz stones in the tussocky grass is all that remains of this once prominent cairn. Leaving the Rhayader mountain road it traverses the cliffs of Llofftyddgleision before reaching the Wye at Pont Marteg. Winding lanes eastward lead to Abbeycwmhir. Much of the section from Afon Claerwen to Afon Elan has erosion problems caused by offroad vehicles that have created deep rutted channels. As it has been designated a Landscape of Special Historic Interest in Wales and an important habitat for upland wildlife, motor vehicles are currently prohibited to prevent further destruction to these precious, remote moorlands.

Ffordd y Myneich o dan Garn Ricet
Monks Trod below Carn Ricet

Cerrig Gwalch o'r Maen Serth; Llofftyddgleision ar y dde
Cerrig Gwalch from Maen Serth; Llofftyddgleision on right

Llwybr y Myneich, canol ar y dde, uwchlaw Llynnoedd Teifi
Monks Trod, centre right above Teifi Pools

Clawdd-du-bach yn y gaeaf
Winter on Clawdd-du-bach

19. Llynnoedd Teifi/Teifi Pools

147 785675

Chwe llyn naturiol yn yr ucheldir yw Llyn Egnant, Bach, y Gorlan, Hir, Teifi (tarddiad afon Teifi) a Gron ac fe'u gelwir yn Llynnoedd Teifi. Maent yn gorwedd bum milltir i'r gogledd-ddwyrain o Dregaron a gellir cyrraedd atynt ar hyd lôn wledig gul o Ffair-rhos. Tirwedd moel a chreigiog sy'n amgylchynnu'r llynnoedd – gwyllt ac unig, ond hynod o hardd. Ychydig sydd wedi newid ers i John Leland, hynafiaethydd Harri'r VIII ddisgrifio'r llynnoedd yn ei deithlyfr yn dilyn siwrnai drwy Gymru yn 1536-39: *'Of all the pooles none stondith in so rokky and stony soile as Tyve doth, that hath also withyn hym many stones. The ground all about Tyve and a great mile of towards Stratfler, is horrible with the sight of bare stonis, as Cregeryri mountains be'.*

Hen ffurf ar Eryri yw Cregeryri. Ymwelodd yn ogystal â 'Cragnaulin' (Carreg naw-llyn), stwcyn o graig ar fryn tua'r gogledd. O ben hwnnw ceir golygfa banoramig o Lynnoedd Teifi, Llyn Du, Llyn Fyrddon Fach a Fawr, Llyn y Fign a chronfa Claerwen.

Mae llwybr Llynnoedd Teifi, taith gylchynol tua naw milltir o hyd o amgylch y llynnoedd, yn dechrau yn Ystrad Fflur. Dewis arall, am dro ychydig byrrach, yw dechrau o ben ffordd Ffair-rhos lle mae llwybr yn arwain at Lyn Egnant.

Llyn Egnant, Bach, y Gorlan, Hir, Teifi (source of the River Teifi) and Gron are the six natural upland lakes known as the Teifi Pools. Five miles north-east of Tregaron, they can be reached by a narrow minor road from Ffair-rhos. The lakes are surrounded by a tree-less, rocky landscape, wild and desolate, but with a stark beauty. Little has changed since John Leland, Henry VIII's antiquary, described the pools in his Itinerary following a journey through Wales in 1536-39: *'Of all the pooles none stondith in so rokky and stony soile as Tyve doth, that hath also withyn hym many stones. The ground all about Tyve and a great mile of towards Stratfler, is horrible with the sight of bare stonis, as Cregeryri mountains be'.*

Cregeryri is Eryri, the old Welsh name for the Snowdon mountain group. Leland also visited Cragnaulin (Carreg naw-llyn), the rock of nine lakes, a squat boulder on a hill to the north. From it a vast panorama can be seen of the Teifi Pools, Llyn Du, Llyn Fyrddon Fach and Fawr, Llyn y Fign and the Claerwen reservoir.

The Teifi Pools walk, a circular route of about nine miles around the lakes, starts at Strata Florida. Alternatively, a slightly shorter walk starts from the end of the Ffair-rhos road where a track leads to Llyn Egnant.

Llyn Teifi

Storm yn hel uwch Llynnoedd Teifi
Approaching storm, Teifi Pools

Hwyrddydd ger Llyn Gron, gyda Llyn Teifi yn y cefndir
Evening, Llyn Gron with Llyn Teifi behind

Y tirlun uwch Llynnoedd Teifi
Landscape above Teifi Pools

Llyn Hir gyda Llyn Egnant y tu hwnt iddo
Llyn Hir with Llyn Egnant beyond

20. Claerddu
147 793688

Mae tarddiad nant Claerddu yn uchel ar y tir corsiog dan gysgod bryn Llan Ddu Fawr, i'r gogledd o Lynnoedd Teifi. Yn is i lawr na Waun Claerddu, mae'n torri drwy gyfres o gribau cyfochrog gan greu rhaeadr dramatig Craig Fawr, cyn pasio ffermdy anghysbell Claerddu, sy'n dwyn enw'r nant. Wrth iddi lifo tua'r dwyrain, caiff ei rhydio gan Lwybr y Myneich (llwybr ceffyl pwn canoloesol oedd yn cysylltu abatai Ystrad Fflur a Chwm Hir). Ymhen milltir neu ddwy, mae'n llifo i gronfa ddŵr Claerwen.

Mae'r rhaeadr, sydd i'w weld uwchben ac i'r dde o'r ffermdy, yn gysylltiedig ag un o chwedlau'r Brenin Arthur. Lladdodd gawr oedd yn arfer rhychwantu'r rhaeadr er mwyn golchi'i ddwylo. Erbyn heddiw, mae'r tŷ fferm o'r bedwaredd ganrif ar bymtheg yng Nghlaerddu wedi'i addasu yn lety i gerddwyr a chaiff ei gynnal a'i gadw gan Ymddiriedolaeth Cwm Elan.

The source of the Claerddu stream lies high up on the marshy ground below the hill of Llan Ddu Fawr, north of the Teifi Pools. Below Waun Claerddu it cuts through a series of parallel ridges, creating a dramatic waterfall at Craig Fawr, before passing the remote farmhouse of Claerddu, named after the stream. As it flows east, the Monks Trod crosses it at a ford. In a mile or two it enters the Claerwen reservoir.

The waterfall, which can be seen above and to the right of the farmhouse, is linked to a legend of King Arthur. He killed a giant who used to straddle the waterfall to wash his hands. John Leland refers to this in his Itinerary, and that the giant is buried nearby.

The present mid nineteenth-century farmhouse of Claerddu has been converted into a bothy for walkers and is maintained by the Elan Valley Trust.

Nant Claerddu yn ymlwybro at gronfa Claerwen
Claerddu stream winding down towards the Claerwen reservoir

Fferm Claerddu, gyda'r rhaeadr yn y canol
Claerddu farmhouse, with waterfall centre

Cymylau'n hel uwch Waun Claerddu
Gathering stormclouds, Waun Claerddu

Rhaeadr, Craig Fawr
Waterfall, Craig Fawr

21. Llynnoedd Cudd/Hidden Lakes

147 800698 a/and 013648 **135** 720856

Yng ngwlad Elenydd y mae rhai o'r llynnoedd mwyaf anghysbell yng Nghymru. Er hynny, mae rhai llynnoedd cudd ysblennydd mewn lleoliadau gwych y gellir cyrraedd atynt yn eithaf didrafferth.

Mae Llyn Du, Llyn Fyrddon Fach a Fawr yn grŵp braf o lynnoedd ar y rhostir uchel, i'r gogledd o hen ffermdy Claerddu, o dan lethrau Carreg Naw Llyn.

Mae Llyn Craigypistyll, i'r gogledd o Pendam, yn llyn hardd ym mhen uchaf ceunant trawiadol sy'n arwain i lawr at ddyffryn Leri. Gellir ei gynnwys mewn taith hirach o Ganolfan Ymwelwyr Bwlch Nant yr Arian.

Llyn poblogaidd ymysg pysgotwyr yw Llyn Gwyn, dair milltir i'r de-ddwyrain o Raeadr Gwy ac mae rhai chwedlau diddorol yn gysylltiedig â hwn. Aeth Padrig Sant a chydymaith iddo heibio Llyn Gwyn ar ei ffordd i weld Dewi Sant. Clywodd pobl gerllaw y ddau ohonynt yn ffraeo a dechreuodd y dorf alw enwau ar y sant. Wnaeth hwnnw ddim lol ond eu troi yn bysgod. Mae rhywogaeth brin o lwynog dŵr i'w canfod yma y dywedir eu bod yn ddisgynyddion i'r pysgod a fagwyd yno gan fyneich Ystrad Fflur.

Yn ôl chwedl arall, pan ddinistriwyd Ystrad Fflur adeg y Diwygiad gweddïodd mynach ar lan y llyn ar i bob brithyll a ddelid ynddo ar ôl hynny wneud sŵn mewn protest yn erbyn y cam a wnaethpwyd. Daethpwyd i adnabod Llyn Gwyn fel 'llyn y brithyll crawclyd'. Mae caer amddiffynnol o'r Oes Haearn ar gefnen uwch ei lan ogleddol.

Elenydd has some of the most remote lakes in Wales. However, there are some splendid hidden lakes in superb scenery that can be visited relatively easily.

Llyn Du, Llyn Fyrddon Fach and Fawr are a fine group of lakes in the high moorlands, north of Claerddu farmhouse, below the slopes of Carreg Naw Llyn.

Llyn Craigypistyll, north of Pendam, is a beautiful lake lying at the head of a spectacular gorge that leads down to the Leri valley. It can be included in a longer walk from Bwlch Nant yr Arian Visitor Centre.

Llyn Gwyn, three miles south-east of Rhayader, is popular with anglers and has some interesting legends associated with it. St Patrick and a companion passed by the lake on the way to see St David. Some bystanders overheard them quarrelling and insulted the saint, who transformed them into fish. There is an unusual variety of carp found here, said to be descended from the original stock that were bred here by the monks of Strata Florida. Another legend states that after Strata Florida abbey was destroyed during the Reformation, a monk prayed by the lakeside that every trout caught should make a noise in protest at the wrong done, so Llyn Gwyn was also known as the 'lake of the croaking trout'. There is an Iron Age defended enclosure on a bank above the north shore.

Llyn Fyrddon Fach

Llyn Du

Llyn Craigypistyll, gyda Phumlumon dan eira y tu ôl iddi
Llyn Craigypistyll, with Pumlumon in snow behind

Carreg naw-llyn, Llyn Du ar y chwith, Claerwen ar y dde
Carreg naw-llyn, Llyn Du left, Claerwen right

Llyn Gwyn

22. Claerwen

147 850650

Argae Claerwen oedd yr olaf i'w adeiladu a'r mwyaf – yn Nyffryn Elan. Fe'i agorwyd gan Elizabeth II yn 1952, wedi chwe mlynedd o waith, ac yn wahanol i'r argaeau eraill fe'i adeiladwyd yn bennaf o goncrid, gyda wyneb o feini nadd o dde Cymru a swydd Derby. Hwn yw'r argae disgyrchiant uchaf yng ngwledydd Prydain, yn cynnwys bron cymaint o ddŵr â holl gronfeydd eraill Elan gyda'i gilydd.

Wrth foddi'r dyffryn, collwyd sawl hen dŷ hir traddodiadol. Yn ffodus, arbedwyd un drwy ei symud garreg wrth garreg i Amgueddfa Werin Cymru, Sain Ffagan.

Mae'r tir o gwmpas y gronfa yn warchodfa natur bellach, yn rhan o Stad Elan Dŵr Cymru, ac yn cael ei rheoli gan Ymddiriedolaeth Dyffryn Elan. Lle tangnefeddus ar dywydd braf; lle delfrydol i gerdded, pysgota a mynd am dro ar gefn beic, gyda llun y bryniau tonnog yn nrych dŵr y cronfeydd. Ar adegau eraill gall fod yn ddrycinog, yn wylltiroedd digroeso llawn brwyn, pyllau mawn a chorsydd. Lleihawyd niferoedd y diadelloedd er mwyn gwarchod grug, plu'r gweunydd, mwsoglau, chwys yr haul ac adar prin fel pibydd y mawn, chwilgorn y mynydd a'r gwalch bach.

The Claerwen, last and largest of the Elan Valley dams to be built, was opened by Elizabeth II in 1952. It took six years to construct and unlike the other dams was built mainly of concrete and faced with dressed gritstone from south Wales and Derbyshire. It is the highest gravity dam in Britain, containing nearly as much water as the other Elan reservoirs combined.

Flooding of the valley brought about the loss of several of the old style of farmhouse, the longhouse. Fortunately one was dismantled and reconstructed, where it can be seen in the Museum of Welsh Life, St Fagans.

The area is now the Claerwen National Nature reserve, part of Welsh Water's Elan Estate, and managed by the Elan Valley Trust. It is a peaceful place in good weather, ideal for walking, cycling and fishing, when the gently rolling hills are reflected in the calm water of the reservoir. At other times it can be a harsh and inhospitable wilderness of endless grass and bog. Sheep grazing has been reduced to protect plant species like heather, cotton grasses, bog mosses, sundews and rare birds like the dunlin, golden plover and merlin.

Rhosdiroedd uchel, tarddle afon Claerwen
Moorland landscape, source of the Claerwen

Pysgotwr unig ar ddŵr Claerwen
Solitary fisherman on the Claerwen

Meini cwarts ar Cerrig Gwinau uwch glan ddeheuol cronfa Claerwen
Quartz boulders on Cerrig Gwinau above Claerwen's southern shore

Argae Claerwen
Claerwen dam

Llun y dydd ar wyneb cronfa Claerwen
Reflections, Claerwen reservoir

23. Shelley & Chwm Elan/Shelley & Cwm Elan

147 910647 a/and 914627

Yn 1811, daeth y bardd pedair ar bymtheg oed, Percy Bysshe Shelley i Ddyffryn Elan i ymweld â'i gefnder, Thomas Grove yr Ieuengaf oedd wedi etifeddu stad Cwm Elan. Safai Tŷ Cwm Elan ger cymer afonydd Claerwen ac Elan lle mae Nant Methan yn llifo i gronfa Carreg-ddu erbyn hyn. Dychwelodd yma y flwyddyn ganlynol gyda Harriet, ei wraig ifanc gan aros y tro hwnnw yn Nant Gwyllt, filltir i'r de. Enwyd y tŷ hwnnw ar ôl y nant sy'n llamu ei ffordd o Ros y Gelynen i lawr at lle mae dyfroedd cronfa Caban-coch bellach. Roedd Shelley wedi'i gyfareddu gan y golygfeydd garw a chanodd gerdd i Gwm Elan.

Methiant fu'i ymdrech i brynu Nant Gwyllt a gadawodd y dyffryn, gan redeg i ffwrdd i'r Cyfandir gyda Mary Wollstonecraft yn fuan ar ôl hynny. Cyflawnodd Harriet hunanladdiad yn afon Serpentine yn 1816 a chwe mlynedd yn ddiweddarach boddodd Shelley ym Môr y Canoldir.

Mae'n rhyfedd meddwl y byddai'r ddau blasty mawreddog yn wynebu'r un dynged o dan wyneb dyfroedd tua wythdeg mlynedd yn ddiweddarach. Ysbrydolwyd Francis Brett Young i gyfansoddi'r nofel *The House Under the Water* gan y cofnod am ymweliad Shelley a hanes boddi Dyffryn Elan. Mae Tŷ Cwm Elan wedi'i golli am byth dan wyneb Carreg-ddu, ond ar gyfnodau o sychder eithafol, daw rhan o ardd gaeëdig Nant Gwyllt yn ôl i lygad y dydd. Mae cerflun efydd Christopher Kelly o Shelley i'w weld yn y ganolfan ymwelwyr yn Nyffryn Elan.

It was in 1811 that the nineteen-year-old poet Percy Bysshe Shelley came to the Elan Valley to visit his cousin, Thomas Grove Jr., who had inherited the Cwm Elan estate. Cwm Elan House stood near the junction of the Claerwen and the Elan, where now the Nant Methan flows into the Carreg-ddu reservoir. He returned the following year with his new wife, Harriet, this time staying at Nant Gwyllt, a mile south. This house took its name from the stream which tumbles down from the moors of Rhos y Gelynen, into what is now the Caban-coch reservoir. He was delighted with the wild scenery and celebrated it in a poem, 'The Retrospect, Cwm Elan 1812':

> Thou rock, whose bosom black and vast
> Bared to the stream's unceasing flow,
> Ever its giant shade doth cast
> On the tumultuous surge below.

His attempt to purchase Nant Gwyllt was frustrated and he left the valley, shortly to elope with Mary Wollstonecraft to the Continent. Harriet committed suicide in the Serpentine in 1816, and six years later Shelley drowned in the Mediterranean.

It is strange that the two grand houses were to meet the same watery fate some eighty years later. Shelley's stay, and the subsequent flooding of the Elan Valley, inspired the novel *The House Under the Water* by Francis Brett Young. Cwm Elan house is forever lost under the waters of Carreg-ddu, but during severe droughts part of the walled garden of Nant Gwyllt is visible. There is a bronze sculpture of Shelley, by Christopher Kelly, at the Elan Valley Visitor Centre.

Cronfa ddŵr Carreg-ddu. Mae Nant Methan yn llifo i mewn iddi ynghanol y pen uchaf
Carreg-ddu reservoir. The Nant Methan enters it at top centre

Rhaeadr, Nant Gwyllt
Waterfall, Nant Gwyllt

Niwl yn hofran lle safai Tŷ Cwm Elan unwaith
Mist hovering over where Cwm Elan House once stood

24. Maen Serth
147 943699

Mae hen lwybr troed yn gadael y man uchaf ar y ffordd fynydd, rhyw ddwy filltir i'r gogledd-orllewin o Raeadr Gwy. Mae'r llwybr clir yn anelu tua'r de-ddwyrain gan gadw i'r chwith o Faengwyngweddw – carreg gwarts anferth ar ffin maenordy Grange Cwmdeuddwr ac arglwyddiaeth Melenydd. Mae crib Esgair Perfedd i'w gweld hanner milltir i'r de, lle ceir olion gwersyll Rhufeinig.

Wrth i'r llwybr fynd ar ei oriwaered, ymddengys claddfa gron helaeth Clap yr Arian ar y dde. Tua chanrif yn ôl, difrodwyd y garnedd hon o'r Oes Efydd gan y cyngor lleol a ddefnyddiodd y cerrig fel sylfaen ffordd. Darganfuwyd pen bwyell ryfel o garreg las gaboledig y Preseli yno bryd hynny. Mae'n bosib bod cysylltiad rhwng y bedd â phobl y biceri a gludodd y cerrig gleision i Gôr y Cewri.

Ar ôl i'r llwybr groesi drwy'r bwlch, mae carreg drawiadol Maen Serth i'w gweld ar orwel Esgair Dderw o'n blaenau. Mae'r maen tal hwn – sy'n sefyll dros saith troedfedd o uchder – yn dynodi'r man lle llofruddiwyd Einion Clud, pennaeth Cymreig Arglwyddiaeth Elfael yn y ddeuddegfed ganrif, yn ôl y chwedl. Ysgythrwyd croes ddofn ar un ochr i'r maen. Gall fod yn perthyn yn wreiddiol i'r Oes Efydd.

An old trackway leaves the high point of the mountain road, about two miles north-west of Rhayader. The well-marked path heads south-east passing on the left, Maengwyngweddw, a large quartz boulder on the boundary line which divided the manor of Grange Cwmdeuddwr from the lordship of Melenydd. The ridge of Esgair Perfedd can be seen half a mile south, where there is evidence of a Roman camp.

As the track descends, the large circular tumulus of Clap yr Arian appears on the right. About a century ago, the Bronze Age cairn was damaged by the local council, who used the stones for road construction. At the time, a polished stone battle-axe head of Preseli blue dolerite was discovered. The grave may be connected with the beaker-using people who transported the 'Bluestones' to Stonehenge.

The track crosses the bwlch and the impressive standing stone of Maen Serth can be seen on the skyline of Esgair Dderw ahead. Legend says that this large monolith, seven feet tall, was erected to mark the spot where Einion Clud, a twelfth-century Welsh chieftain of the Lordship of Elfael, was murdered. On one of its sides is a deeply incised cross. The stone, known locally as the 'Prince's Grave', may well be of Bronze Age origin.

Claddfa Clap yr Arian gyda niwlen yn nyffryn Gwy y tu hwnt iddi
Clap yr Arian tumulus, mist in the Wye Valley beyond

Maen Serth

Maengwyngweddw: mae'r gwersyll Rhufeinig ar y gefnen sy'n dal y golau y tu ôl iddo
Maengwyngweddw: the Roman camp is on the sunlit ridge behind

Tarth Dyffryn Gwy o'r Maen Serth
Mist on the Wye Valley from Maen Serth

25. Llywelyn ein Llyw Olaf/Llywelyn the Last

147 010515 a/and 055710

Mae'r maen trawiadol yng Nghilmeri, dair milltir i'r gorllewin o Lanfair-ym-Muallt, yn cofio marwolaeth Llywelyn ap Gruffudd, sy'n cael ei adnabod fel 'Llywelyn ein Llyw Olaf'. Saif y maen ar grugyn isel sy'n cael ei amgylchynu gan dair coeden ar ddeg, yn cynrychioli hen siroedd Cymru.

Yng ngaeaf 1282, gadawodd Llywelyn ei Wynedd ddiogel a theithio tua'r de i aros yn un o'i gestyll yn Aberedw ger Llanfair-ym-Muallt. Pan glywodd ei fod yn cael ei ymlid, llochesodd mewn ogof yng nghreigiau Aberedw – mae 'Ogof Llywelyn' i'w gweld uwch afon Gwy ar fapiau cyfoes. Y diwrnod canlynol, ymosodwyd yn ddirybudd ar Lywelyn a'i fyddin fechan bersonol mewn llecyn ger Cilmeri, lle'r anafwyd y tywysog yn angeuol. Nid oedd ei lofruddwyr yn ei adnabod ar y dechrau, ond pan sylweddolwyd mai Llywelyn oedd, torrwyd ei ben a'i anfon at Edward I yn Llundain. Claddwyd corff Llywelyn ar dir y Sistersiaid yn Abaty Cwm-hir. Mae llechfaen syml yn cofnodi hynny ymysg yr adfeilion yn nyffryn tawel Cwm-hir, i'r dwyrain o Raeadr Gwy.

Mae hanes trist i'r abaty hwn a sefydlwyd yn 1143. Yn 1402, yn ystod gwrthryfel Glyndŵr, anrheithiwyd yr abaty; fe'i defnyddiwyd fel amddiffynfa yn ystod y Diwygiad Protestannaidd yn 1536 ac fe'i rhoddwyd dan warchae yn ystod y Rhyfel Cartref yn 1644. Gellir gweld pum bwa, ffenestri a phileri o'r abaty yn eglwys Llanidloes.

The impressive granite monolith at Cilmeri, three miles west of Builth Wells, commemorates the death of Llywelyn ap Gruffudd, known as 'Llywelyn the Last'. The stone is set on a mound and encircled by thirteen trees that represent the old counties of Wales.

In the winter of 1282, Llywelyn left his stronghold in Gwynedd and travelled south to stay at one of his castles at Aberedw near Builth. When informed that he was being pursued he hid in a cave in the rocks of Aberedw, above the river Wye. 'Llywelyn's cave' is marked on modern maps. The following day, Llywelyn and a small group of followers were ambushed at a spot near Cilmeri, where he was mortally wounded. His assailants at first did not recognize him, but when his identity was known, his head was cut off and sent to Edward I in London. Llywelyn's body was interred in the grounds of the Cistercian abbey at Abbeycwmhir. The simple slate gravestone can be seen in the ruins in the peaceful Cwmhir Valley, east of Rhayader.

The abbey, founded in 1143, has a sad history. It suffered during the Glyndŵr rising in 1402, was converted into a fortress at the time of the Reformation in 1536, and besieged in the Civil War in 1644. Five arches, windows and pillars from the abbey can be seen preserved in Llanidloes church.

Creigiau Aberedw
Aberedw rocks

Lloer uwch maen Llywelyn, Cilmeri
Moon above Llywelyn's stone, Cilmeri

Carreg fedd Llywelyn, Abaty Cwm-hir
Llywelyn's gravestone, Abbeycwmhir

Gweddillion mur deheuol corff yr eglwys, Abaty Cwm-hir
Remains of the south wall of the nave, Abbeycwmhir

Abaty Cwm-hir a'r llyn pysgod
Abbeycwmhir with fishpond

26. Mannau Anial/Desert Places

Disgynnodd plu eira cynta'r tymor yn ystod y nos. Cyfle am luniau ger Lynnoedd Teifi efallai? Edrychai'n addawol wrth yrru tua'r dwyrain o Ffair-rhos, gan adael y ffermydd olaf o'm hôl. Doedd dim modd mynd â'r car ymhellach, felly dyma barcio lle mae Nant y Garw yn croesi'r llwybr a cherdded y filltir olaf at y llynnoedd. Sefais uwchlaw'r llwybr. Edrychai gwlad Elenydd yn ei choban wen fel anialwch mawr gwyn yn ymestyn o du draw i Glaerwen at fryniau Maesyfed. Efallai bod mynach, wrth ffoi o'r difrodi yn Ystrad Fflur, wedi oedi yma ganrifoedd yn ôl gan fwrw cip olaf dros ei ysgwydd a gweld y machlud yn y gorllewin dros Gors Caron, cyn troi'n ôl yn frysiog i wynebu'r daith ymlaen dros Elenydd.

Disgyn y plu drwy'r awyr ddu, yn chwim, mor chwim
Ar draws y wlad sydd yn fwriad im,
Y ddaear bron ynghudd dan eira glân:
Heblaw'r ychydig ffeg, does yma ddim.

Mor unig ag yw, bydd trwch o ddyfnhau
Ar yr unigedd cyn iddo leihau -
Gwynnach ei wyneb gan eira dros nos
A phob mynegiant wedi'i lanhau.

Gwacter mewn gwlad, fy nychryn ni wna un
Rhwng sêr - ymysg sêr - lle nad oes ôl llaw dyn;
Ynof y maent ac yn llawer nes i 'nhre:
Fy ngwae yw fy mannau anial i fy hun.

Robert Frost 'Desert Places'
o *A Further Range* (1936)

The first snows of the year fell in the night. Maybe a chance of some photos at Teifi Pools? Driving east from Ffair-rhos leaving the last farms, it looked promising. I could take the car no further, so parked where the Nant y Garw crosses the track, and walked the last mile to the Teifi Pools. I stood above the track. Elenydd lay like a white blanket, a great white desert stretching beyond the Claerwen to the hills of Radnor Forest. Perhaps some monk, fleeing the destruction of Strata Florida, had momentarily stopped here and, looking back for the last time, saw the sun set in the west over Cors Caron, then hurriedly turned and faced the wild crossing of Elenydd.

Snow falling and night falling fast, oh, fast
In a field I looked into going past,
And the ground almost covered smooth in snow,
But a few weeds and stubble showing last.

And lonely as it is, that loneliness
Will be more lonely ere it will be less –
A blanker whiteness of benighted snow
With no expression, nothing to express.

They cannot scare me with their empty spaces
Between stars - on stars where no human race is.
I have it in me so much nearer home
To scare myself with my own desert places.

Robert Frost 'Desert Places'
from *A Further Range* (1936)

Yr anialdir gwyn uwch Llynnoedd Teifi
The great white desert above Teifi Pools

Rhaeadr, Llynnoedd Teifi
Waterfall, Teifi Pools

Tirlun creigiog uwch Llynnoedd Teifi
Rocky landscape above Teifi Pools

Machlud haul, Cors Caron
Sunset, Cors Caron

There are several books on mid-Wales, though I know of none which is concerned solely with Elenydd. This short list may be of interest. Some are out of print but local libraries should be able to obtain copies.

Bollard, John K. & Griffiths, Anthony. *The Mabinogi & Companion Tales to the Mabinogi, Legend & Landscape of Wales*. Gomer Press 2006 and 2007
Borrow, George. *Wild Wales*. John Murray 1862 (several reprints)
Clarke, Elizabeth. *The Valley*. Faber & Faber Ltd 1969
Colyer, Richard. R*oads and Trackways of Wales*. Moorland Publishing Co. Ltd 1984
Condry, William. *Welsh Country Essays*. Gomer Press 1996
Fleming, Ian. *Glyndŵr's First Victory*. Y Lolfa 2001
Gardener, Don. *The Vagabond Book, A Travel Book on Mid-Wales.*
Houlder, Christopher. *Wales: An Archaeological Guide*. Faber & Faber Ltd 1974
Howells, Erwyd, *Good Men and True*. Aberystwyth 2005
Howse, W.H. *Radnorshire*. E.J. Thurston. Hereford 1949
McBride, E. Anne. *Elan*. Dŵr Cymru 1987
Morgan, Gerald. *Ceredigion. A Wealth of History*. Gomer Press 2005
Sale, Richard. *A Cambrian Way*. Constable London 1983
Stone, Moira K. *Mid Wales Companion*. Anthony Nelson Ltd 1989
Uney, Graham. *The High Summits of Wales*. Logaston Press 1999
Ward, Frank. *The Lakes of Wales*. Herbert Jenkins 1931
Wright, Sid. *Up the Claerwen*. Cornish Brothers Ltd 1948
Young, Francis Brett. *The House Under the Water*. William Heineman 1932

The Inventories published by The Royal Commission on the Ancient & Historical Monuments of Wales (RCAHM) are highly informative though early volumes are out of date:
Vol I *County of Montgomery* 1911
Vol III *County of Radnor* 1913
Brecknock Later Prehistoric Monuments 1997
Cardiganshire County History Vol 1 Cardiganshire Antiquarian Society in association with RCAHM 1994